colección **luz portátil**

El color del tiempo
Artes de México, 2007
Primera edición

Dirección de la colección:
Alberto Ruy Sánchez y Pedro Tzontémoc
Coordinación general: Margarita de Orellana
Coordinación editorial: Gabriela Olmos
Coordinación por Luz portátil:
Natalia Alonzo Romero Lanning
Diseño: Pedro Tzontémoc
Asistencia editorial:
Juan Carlos Atilano, María Luisa Cárdenas
Formación: Yarely Torres
Corrección: Sergio Hernández Roura

Consejo editorial:
Alberto Ruy Sánchez
Pedro Tzontémoc
Margarita de Orellana
Jorge Vértiz
Graciela Iturbide

D.R. © texto: Rafael Vargas, 2007
           vargasescalante@gmail.com
D.R. © fotografías: Pablo Aguinaco, 2007
           aguinacopablo@gmail.com

D.R. © Artes de México
           Córdoba 69, Col. Roma 06700, México, D.F.
           Teléfonos 5525 5905, 5525 4036
           www.artesdemexico.com
           www.luzportatil.com
           info@luzportatil.com

D.R. © Secretaría de Cultura del Gobierno del Distrito Federal
           Avenida de la Paz 26, cuarto piso
           Chimalistac, 01070, México, D.F.

Como libro en pasta dura:
ISBN: 978-970-683-304-4
Como libro en encuadernación rústica:
ISBN: 978-970-683-305-1

Impreso en México

Gobierno del Distrito Federal

Marcelo Ebrard Casaubon
Jefe de Gobierno del Distrito Federal

Secretaría de Cultura

Elena Cepeda de León
Secretaria

El color del tiempo

Pablo Aguinaco + Rafael Vargas

Ciudad de México
Capital en Movimiento

Secretaría de Cultura
Ciudad de México

ARTES
DE MÉXICO

A mí me gusta creer que veo cosas
que todo el mundo ve
pero que nadie ha visto.

Paul Valéry

Fichas de colores para un fotógrafo
Rafael Vargas

> *El rojo canta la gloria del verde.*
> Charles Baudelaire, *De los colores*

> *Los aspectos de las cosas que son más importantes para*
> *nosotros están ocultos debido a su simpleza y familiaridad.*
> Ludwig Wittgenstein, *Observaciones sobre los colores*

¿Qué edad tendrías? Te recuerdas tendido en el pasto una mañana de domingo mirando el límpido azul de un cielo sin nubes. El mundo flota como una balsa sobre un inmenso río. Cierras los ojos y sientes el sol sobre el rostro. Te sorprende darte cuenta de que con los ojos cerrados ves un color rojo muy intenso. Piensas que por efecto de la luz se te ha vuelto visible la fina trama de vasos sanguíneos que debe haber en tus párpados. Estás fascinado con tu hallazgo. Pero al cabo de un minuto no ves sólo un color, sino una gama. Giras los ojos y ves una franja de luz naranja. Ahora ves un azul y un morado. Es como una fiesta de fuegos artificiales. Tus párpados son la pantalla en que se despliega un espectáculo fantástico. Disfrutas tu hallazgo hasta que sientes que el rayo del sol se ha vuelto insoportable.

λ

Desde muy pequeños miramos cosas, y aprendemos poco a poco a distinguir sus volúmenes, sus formas, sus colores. Aprendemos que el color es un atributo de la cosa y aprendemos que, en muchos casos —la ropa, los muebles, los automóviles—, los mismos objetos ostentan una amplia variedad de colores. En otros, el color parece parte estricta de su sustancia. El mar es azul, la hierba es verde, la sangre es roja. Muchas personas encuentran esas asociaciones suficientes para explicarse el mundo. Pero para otras el mundo es una vasta y cambiante trama de colores. Para un pintor el mar jamás quedará circunscrito al azul, porque nadie sabe mejor que él que el mar es verde, dorado, violeta, o profundamente púrpura, y que la hierba también es ocre, amarilla, y la sangre va del bermellón al café intenso, y entre un color y otro hay una infinita cantidad de tonos, de matices. La paleta de la luz es tan rica que nuestra vista no basta para abarcarla. Y tampoco tenemos suficientes apelativos para designar con un nombre cada matiz, a menos que distingamos cada uno por su manera de aparecer en la naturaleza: naranja-pimiento; naranja-zanahoria; naranja-papaya; naranja-melón, y así sucesivamente. Como en el cuento de Borges, "Del rigor de la ciencia", el único catálogo capaz de contener todos los colores que hay en el mundo sería el mundo mismo.

λ

"Uno aprende a contar con todo cuidado" —dice Jean Giono en *Les terrasses de l'île d'Elbe*—, y con más cuidado aún (en un sentido general) a calcular. Pero nadie aprende a ver (o a escuchar).

Si alguien no sabe contar bien, se le vaticinan incontables agonías (que no tardarán en abrumarlo). Pero si esa misma persona no ve certeramente (o no escucha certeramente) nadie le anticipa nada, pese a que de inmediato las mayores desdichas serán parte de su destino. La primera, el tedio; y sin duda hay otra —archisabida— que podemos nombrar sin recurrir a eufemismos: la imbecilidad.

"La imbecilidad, nos dice el *Littré*, es una debilidad del espíritu y del cuerpo, una incapacidad. Exactamente eso es lo que quiero decir. Uno puede contar, e incluso calcular, y ser un imbécil, si no ha aprendido al mismo tiempo a ver y a escuchar como se debe. Un alma incapaz pierde su valor. El alma vale lo que valen los sentidos que la integran."

λ

Un ejercicio: levantarse temprano —pongamos por caso, a las cinco de la mañana— y ver por la ventana durante tres o cuatro horas, con toda atención, la manera en que el paisaje se transforma conforme la luz cambia. Las nubes van del dorado al rojo antes de volverse blancas; la cumbre de un cerro distante pasa del rojo al marrón y del verde al azul.

Una acción tan simple como ésa es profundamente enriquecedora. Si no la hemos practicado antes, después de hacerlo entenderemos el mundo de otra manera. Ese sencillo acto debería ser nuestra primera, indispensable lección sobre el color.

λ

Se sabe que los colores de los cuerpos no son una propiedad intrínseca de ellos, sino que dependen de la naturaleza de la luz que reciben.

Podría decirse que el mundo es negro, y que un objeto *adquiere* un color cuando refracta las radiaciones correspondientes a tal color. Es verde cuando absorbe todas las radiaciones, menos las correspondientes a la franja verde del espectro, las cuales refleja.

Sin embargo, sería inexacto asumir que la sola luz colorea las cosas, pues en el fenómeno de la refracción intervienen múltiples factores; en especial, la composición química de los cuerpos.

"La naturaleza —escribe Philip Ball en *La invención del color*— debe su verdor al más abundante de los pigmentos naturales: la clorofila, que asimila los rayos rojos y azules del sol y canaliza su energía para los procesos bioquímicos de la célula. En el corazón de toda molécula de clorofila hay un ion de magnesio que experimenta transiciones electrónicas bajo la luz del sol."

A su vez, los millones de células especializadas en detectar las longitudes de onda que existen en el fondo del ojo humano (conos y bastones) captan las diferentes partes del espectro de luz solar y las transforman en impulsos eléctricos, que son enviados luego al cerebro a través de los nervios ópticos. Es en el cerebro donde se crea la sensación del color.

Tantas maravillas ocurren cada vez que miramos en torno nuestro.

λ

Tan vasto y prodigioso como la percepción del color es el campo de la fabricación de los colores, que a lo largo de los siglos ha sido asunto de sacerdotes, alquimistas, ingenieros químicos y, por supuesto, pintores. De los tintes que se encuentran en la naturaleza (en insectos, caracoles, plantas y minerales) a la casi ilimitada paleta que hoy brinda la química industrial hay, literalmente, millones de páginas que refieren historias de hallazgos, intercambios y accidentes. Es una historia que abarca más de 15 000 años. Uno de sus hitos más remotos se encuentra en las cavernas de Altamira, cuyas celebérrimas figuras en negro, rojo, amarillo, pardo y algún esporádico toque de tono violáceo, prueban que los hombres del paleolítico manejaban arcillas, grasas animales y carbones vegetales con una conciencia de la belleza y la resistencia de sus materiales semejante a la de los pintores de hoy.

$$\lambda$$

La facilidad con que cualquiera puede obtener el color que sea con sólo acudir a una tienda especializada nos hace olvidar que durante mucho tiempo los artistas sólo dispusieron de un número limitado de colores, algunos de ellos muy costosos porque, entre otras razones, eran producidos con piedras preciosas —éstas hacían que las imágenes que pintaban con ellos tuviesen extraordinaria profundidad y viveza.

Cada pigmento tiene su propia historia. Cada uno acusa la época y la cultura en que nació, de manera que se podría establecer una cronología del color y hacer extensos estudios comparativos del valor que se ha otorgado a cada color en cada cultura.

Hay algunos estrictamente singulares, como el llamado azul maya (datado entre los años 200 y 900 d. C.), distinto de todos los conocidos y empleados en la pintura antigua y medieval europea. Aunque ha sido estudiado durante más de medio siglo, todavía guarda secretos con respecto a su composición y estabilidad; gracias a estas características se conservan numerosos murales, a pesar de las extremas condiciones de humedad y de calor de la región en que fue utilizado (la península de Yucatán, Centroamérica y parte del Caribe).

Hoy, merced del desarrollo de la tecnología química, se puede fabricar prácticamente cualquier color y, gracias al refinamiento de la ciencia actual, se pueden crear equivalentes artificiales de pigmentos complejos, como el lapislázuli, manteniendo parte de la apariencia y propiedades de los originales. Gracias a ello, la variedad de colores a la que se puede acceder en nuestros días es pasmosa.

Me pregunto qué pensará el pintor contemporáneo de tener a su alcance una paleta virtualmente ilimitada. ¿Le producirá vértigo o, por el contrario, se verá estimulado a explorar nuevas formas de expresión a través del color?

λ

Cuando tenía diez años leí un artículo sobre el daltonismo y me pregunté si lo que para mí era azul no sería rojo para los otros. ¿Sería posible que yo mirase un color diferente y sólo pareciera que coincidía con los demás? ¿Cómo cerciorarme de que aquello que yo llamaba azul realmente era azul? Quise estar seguro e hice todas las pruebas que se me ocurrieron con pasto, papeles, tapas de libros, algunos de mis juguetes y los carretes de hilo de mi madre. Al cabo de una semana de dar lata a mis amigos y a mi familia, me convencí de que mi percepción de los colores coincidía con la de todos —y me sentí decepcionado. Me habría gustado que para mí, como en el poema de Paul Éluard que descubriría diez años más tarde, el mundo fuera azul, como una naranja.

λ

Andando el tiempo, una multitud de cosas nos confirma que compartimos percepciones con la sociedad en que vivimos. Si entro a una papelería y pido un lápiz de color rojo me darán un lápiz de color rojo. Y todos los conductores de automóviles saben que el verde significa "siga" y el rojo "alto".

No obstante, lo que ahora se sabe sobre la enorme complejidad del proceso neurofisiológico que la percepción del color entraña (que el proceso de identificación de los colores depende del cerebro y del sistema ocular de cada persona), hace pensar a muchos estudiosos de la percepción que tal vez el percibir un color es una experiencia totalmente subjetiva, pues el color no es absoluto y su percepción varía de individuo a individuo.

λ

Comprendemos el mundo a través de abstracciones. La palabra "perro" encierra todas las variedades de perros existentes. La palabra "azul", todos los azules. Para distinguirlos de manera precisa es indispensable apelar a la materialidad del mundo, sobre la que se cimienta el edificio del lenguaje. Hablamos entonces de azul cielo, de azul marino, azul cobalto, azul rey, azul turquesa, azul índigo, azul acero, azul plúmbago, lazurita… Hay tantos azules que cuesta trabajo imaginarlos, y si los tuviéramos enfrente probablemente no sabríamos reconocerlos.

$$\lambda$$

Desde que Isaac Newton (1643-1727) realizó su célebre *experimentum crucis*, en 1704, en el que demostró que la luz blanca se descompone al pasar a través de un prisma y se desdobla en un conjunto de colores similares a los del arcoíris, se han acumulado muchos conocimientos nuevos acerca de la luz, del color y de la percepción pero, a la vez, su complejidad y misterio se han vuelto más hondos.

Lo sabía perfectamente Goethe (1749-1832), quien dedicó décadas al estudio de los colores —"más de media vida", como él mismo decía. Todo lo relativo al color le apasionaba. En 1808, cuando Newton publicó su teoría de los colores, el gran poeta alemán lo refutó con vehemencia.

Entre muchas otras diferencias con el científico inglés, Goethe creía que la percepción del color era diferente para cada individuo. Sus ideas fueron muy rebatidas en su época, y desdeñadas en general por los científicos de ayer y de hoy, quienes las han descartado sin más consideración. Pero con el tiempo se han revalorado algunas de ellas, algo que le enorgullecería pues, según las palabras que su amigo y secretario Johann Eckermann recogió el jueves 19 de febrero de 1829, Goethe pensaba: "De todo lo que he hecho como poeta, no obtengo vanidad alguna. He tenido como contemporáneos buenos poetas, han vivido aún mejores antes que yo y vivirán otros después. Pero haber sido en mi siglo el único que ha visto claro en esta difícil ciencia de los colores, de ello me vanaglorio, y soy consciente de ser superior a muchos sabios".

$$\lambda$$

¿Cuántos colores podemos ver? Ésta es una pregunta que nunca nos hacemos porque damos por sentado que podemos ver todos los colores. Pero no es así. Los límites de la percepción humana llevaron a Newton a pensar que sólo existían siete colores primarios. Hoy se sabe que si tuviésemos más conos pigmentados, como los pulpos u otros cefalópodos —cuyo sistema de visión es bastante parecido al nuestro—, advertiríamos que los colores forman un *continuum*, y que, por lo tanto, hay centenares de colores primarios.

λ

Nunca vemos un color aislado, sino siempre en relación con otro u otros. A eso alude Baudelaire en la frase que empleamos como epígrafe para estos fragmentos. Cada color se comporta de diferente manera en contraste con otros colores. Y al igual que ocurre con la música, entre los colores se establecen relaciones de armonía, contrapunto, disonancia. Cada color puede actuar como espuela o freno de otro color. "El rojo, colocado entre el azul y el verde, resalta la belleza de estos colores y la suya propia", dice el genovés Leone Battista Alberti, una de las grandes figuras del Renacimiento, en sus *Elementos de pintura*.

λ

¿Qué nos dicen los colores? Empleados sobre la base de un consenso social pueden transmitir mensajes precisos y muy definidos. Pero no se les puede utilizar como si fuesen una escritura. Su verdadera vocación es ambigua, polisémica. Apelan a la emoción antes que a la razón. Ponen en marcha sutiles operaciones psicológicas, desatan asociaciones, exaltan y apagan.

Y nosotros, ¿qué podemos decir de ellos? Aparte de colgarles un epíteto para distinguirlos (amarillo paja, amarillo canario), no mucho. Podemos hablar de su historia, de los procedimientos que se han desarrollado para producirlos, de los valores emocionales que los decoradores de interiores y los publicistas asignan a cada color, a cada tono. Pero, ¿qué es lo que verdaderamente puede decirse del verde? Nuestras limitaciones de interpretación en términos verbales son enormes. Resulta mucho más fácil para un músico aproximarse a la interpretación de un color a través de la equivalencia de éste con un sonido que para un escritor, quien para rimar sonidos y colores acaso tendría que acudir a experimentos onomatopéyicos.

Por algo los músicos hablan también de escalas cromáticas. Alexander Scriabin, por ejemplo, trazó una correspondencia entre colores y notas musicales, basada en el llamado "círculo de quintas" (una sucesión ascendente o descendente de notas musicales separadas por intervalos de quinta), estructura en la que Do es rojo; Sol, naranja y rosa; Re, amarillo; La, verde; Mi, azul blanquecino, etcétera. Otros músicos identifican los sonidos de instrumentos con colores específicos —el del violín con el verde, el del azul con el oboe. La idea de una correspondencia entre las ondas sonoras y las longitudes de onda de la luz ha ocupado la imaginación de innumerables artistas y científicos —entre estos últimos, el propio Newton y el matemático francés Louis-Bertand Castel, quien a mediados del siglo XVIII escribió un tratado sobre la melodía de los colores: *Optique des couleurs*, e inventó el clavicordio ocular o cromático, cuyo teclado hacía que la luz pasara a través de cristales entintados con diversos colores.

Sin embargo, desde una perspectiva científica, tal correspondencia es ilusoria. Sólo es real desde la óptica de la poesía.

λ

Es común, cuando se habla de las relaciones entre poesía y color, citar el célebre principio del "Soneto a las vocales", de Arthur Rimbaud: "A negra, E blanca, I roja, U verde, O azul: vocales, / Algún día yo diré vuestros nacimientos latentes". Y se suele decir que estos versos son un ejemplo de sinestesia (fenómeno que consiste, *grosso modo*, en percibir involuntariamente con un sentido —la vista, en este caso— sensaciones producidas por otro sentido —el oído). Pero más allá de ilustrar la realidad de la sinestesia y de llevarnos a pensar en la existencia de numerosos individuos sinestésicos (diez por ciento del género humano, según se dice), el poema de Rimbaud no establece una reciprocidad específica entre poesía y color, como la que sí existiría, según otra lectura del mismo, entre el color y la alquimia. La escritora irlandesa Enid Starkie apunta en su conocida biografía de Rimbaud que este soneto es una cifrada descripción de los procesos alquímicos, en los cuales cada color simboliza específicamente un estadio de la materia —el negro, la disolución, primer paso para separar los elementos y hacer que se presenten en estado puro; el blanco, siguiente estadio, la eliminación de los elementos extraños e impuros; la materia adquiere un color rojo cuando el oro empieza a distinguirse, y luego se vuelve verde, justo antes de alcanzar un tono azul jacinto, estadio en el que la transmutación entrega granos de un oro muy puro.

Es paradójico que el color, a través de las artes visuales —entre las que es indispensable incluir la arquitectura—, suscite múltiples emociones poéticas, pero que la poesía no alcance a recrear una viva experiencia del color. Lo más que puede hacer es celebrarlo, pero siempre desde la margen, no dentro de su propia corriente.

Una de las grandes celebraciones del color que se han hecho desde la poesía se encuentra en el libro de Rafael Alberti *A la pintura*, en el que el gran poeta gaditano (cuya primera vocación fue pintar) incluye un grupo de poemas dedicados a los colores y uno, en especial, "*Al color*":

A ti, sonoro, puro, quieto, blando,
incalculable al mar de la paleta,
por quien la neta luz, la sombra neta
en su transmutación pasan soñando.

A ti, por quien la vida combinando
color y color busca ser concreta;
metamorfosis de la forma, meta
del paisaje tranquilo o caminando.

A ti, armónica lengua, cielo abierto,
descompasado dios, orden, concierto,
raudo relieve, lisa investidura.

Los posibles en ti nunca se acaban.
Las materias sin términos te alaban.
A ti, gloria y pasión de la Pintura.

λ

El niño que recibe una caja de colores recibe una invitación a jugar, a imaginar un paisaje, a crear unas montañas y un río, un puñado de vacas y un bosque pequeño que se extiende más allá de la breve página de papel. El verde claro, como el limón, es la hierba, el oscuro, las frondas, y el rojo servirá para el techo de la casa —¿Por qué los niños dibujan siempre una casa?

Cuando todo está terminado sólo queda dibujar un pájaro en el cielo azul, con las alas abiertas y volando muy alto, cerca del sol amarillo.

Pero la coloración de los dibujos infantiles no siempre es realista. E inopinadamente aparece un elefante iluminado como un arcoíris, un gato rojo de cola azul, un árbol morado con ramas amarillas. Parecería que es el color, no la forma, lo que en esos casos guía la mano infantil. Como si el color incitara a rebasar los patrones, a ensayar combinaciones, como si fuese un llamado a seguir las infinitas posibilidades de la vida.

λ

A finales de octubre de 1885, Vincent van Gogh escribió una carta a su hermano Theo en la que se transparenta la estética sobre la cual fundó su obra. En ella apuesta una y otra vez por la libertad del artista para recrear el mundo a partir de su paleta en vez de imitar de manera servil los colores de la naturaleza. Lo importante es que lo pintado en el cuadro tenga una belleza equiparable a la que la naturaleza despliega en sus obras. Si se conoce la armonía de los colores —dice Vincent, a punto de cumplir 32 años— es posible recrear la armonía de los colores de la naturaleza empleando una escala de color paralela, no importa cuán alejada esté de la escala del modelo.

"El color expresa algo en sí mismo —señala hacia el final de la carta—, no se puede ignorar esto, es indispensable utilizarlo; lo que es hermoso, realmente hermoso, también es correcto. Cuando el Veronés terminó de pintar los retratos de su *beau-monde* en las *Bodas de Canaán*, había gastado todas las riquezas de su paleta en violetas sombríos, en espléndidos tonos dorados. Ésa es, sin duda, la verdadera pintura y el resultado es más hermoso que la imitación exacta de las cosas."

Unos cuantos años después, Cézanne, aún más radical que Van Gogh, sentencia: "un cuadro no representa nada, no ha de representar nada más que los colores".

λ

Llevados de la mano de Joan Corominas, solacémonos con los nombres de algunos colores.

Azul es una voz de origen persa nacida en las minas del Turquestán. Llega a las lenguas romances bajo una forma arábiga y se documenta por primera vez en nuestra lengua en el siglo XIII, cuando se utilizó para referirse a una materia colorante, no a un adjetivo.

Rojo proviene del latín *russeus* —literalmente "rojo subido". Este color ya es mencionado en el *Satiricón*, de Petronio, calificando una túnica; entra al idioma español en el siglo XV, aunque en esa época era más frecuente decir "bermejo" o "encarnado" —ningún color, dicho sea de paso, tiene tantos sinónimos como éste.

Verde proviene del latín *viridis*, palabra con la cual se designaba lo vivo, lo vigoroso, lo joven, como las plantas y árboles llenos de savia. En cambio, amarillo, también del vivero latino, tiene su origen en la enfermedad, la ictericia "causada por un trastorno en la secreción de la bilis o humor amargo". *Amarellus* es un diminutivo de *amarus*, pero de nombrar a un enfermo pronto pasó a designar todo objeto de ese color. *Blank*, vocablo germánico para decir "brillante", es la raíz de blanco, nombre que se impuso muy tempranamente (ya el poema del Cid lo contiene) sobre la antigua palabra española "albo", a su vez hija del *albus* latino.

Naranja nos lleva de vuelta a Persia, aunque es probable que el persa haya adoptado el término dravídico *narangah*, que significa "olor, perfume". Llegó a España con el cultivo del naranjo, palabra estampada ya en el *Libro de los exemplos del conde Lucanor* (1335), de don Juan Manuel.

λ

Comenzando por las distinciones que los seres humanos establecemos entre nosotros según el color de nuestra piel, no hay asunto humano —de la guerra al misticismo, del amor al comercio— en el que los colores no jueguen un papel importante, ya sea en un orden simbólico o en un orden práctico. Un hecho definitivamente asombroso.

λ

Cada color es en sí mismo un paisaje: la colina se eleva a mitad de la selva y todo a su alrededor es verde; las frondas refulgen, o más bien reverberan, como si de ellas se derramara el rumor que produce la invisible masa de aves e insectos. Lejos de allí, quizá en el Ecuador, el rojo recoge los entreverados tejados del caserío que se derrama cuesta abajo por la falda del volcán. Azul es el horizonte con sus montañas que se alzan distantes, más allá de la llovizna que empaña nuestra ventana.

Amarillo: alzas la vista y te ciega por unos instantes, punto candente puesto en el cielo por Pablo Picasso. Abajo, desde el mantel, la mancha violeta del vino te mira como una muchacha somnolienta; han bebido y cantado mucho y tú también cabeceas...

λ

Cada color convoca una historia —que sólo puede contarse de manera parcial, pues el universo de cada color es inagotable. La del rojo la emprendió hace una década la norteamericana Amy Butler Greenfield, especialista en historia hispánica, quien publicó en el 2006 *A Perfect Red: Empire, Espionage, and the Quest for the Color of Desire*, una investigación que se lee como una novela sobre la elaboración y explotación de la grana o rojo carmesí, tintura que se obtiene a partir de la cochinilla, cuyos componentes químicos la hacen muy duradera y especialmente cotizada en la industria textil de los siglos XVI y XVII. Fue una de las materias primas de Mesoamérica que, junto con el oro y la plata, le proporcionaron grandes riquezas a España.

Por su parte, el medievalista francés Michel Pastoureau ha escrito *Bleu. Histoire d'une couleur*, una obra que intenta agotar la historia del azul y las implicaciones de su uso en Europa, donde durante mucho tiempo fue considerado un color innoble, propio de los bárbaros, hasta que se vinculó con la imagen de la Virgen María. (Los colores no tienen significados estáticos, sino dinámicos, y varían según una enorme diversidad de factores.) Hoy, a consecuencia del Romanticismo alemán y del nacionalismo francés, el azul, dice Pastoureau, se encuentra entronizado "como el color más valioso, y se le asocia con el progreso, la Ilustración, los sueños y la libertad". Por algo es el color de la bandera de la Unión Europea.

No he encontrado libros, pero sí extensos ensayos sobre el ocre, el blanco, el negro. Cada uno de ellos entraña historias de migraciones, descubrimientos, negocios, guerras.

λ

Pertenezco a una generación que vivió en un mundo donde todavía predominaba la reproducción de imágenes en blanco y negro. Así se hacían las fotografías para los documentos de identificación, para la prensa, para los álbumes familiares. Así se transmitían los programas de televisión, incluso un buen porcentaje de las películas que se exhibían en los cines de las décadas de 1950 y 1960 eran en blanco y negro.

Hoy, todos esos medios —más las computadoras personales y los teléfonos celulares— emplean una tecnología que permite una reproducción y transmisión de imágenes con una gama de colores cada vez más amplia. Sin embargo, habituada a un entorno gráfico extremadamente colorido, nuestra sociedad disfruta hoy sin asombro la magia de la reproducción del color.

λ

Se le atribuye a Picasso haber dicho: "Yo sólo quiero saber una cosa: ¿Qué es el color?"

Por la admiración que me produce la obra fotográfica de Pablo Aguinaco, pensé en escribir algunas notas a propósito del color, materia prima de su trabajo, para este libro que recoge una muestra de imágenes suyas. Con ese propósito he leído páginas de todo tipo sobre los colores. Textos que van de la historia de la pintura a la física. De la química a los estudios sobre la percepción y de éstos a la filosofía. He encontrado artículos sobre la manera en que los animales perciben el color. Sobre los significados de los colores en las banderas y en los uniformes deportivos. Sus usos en las religiones y en la mercadotecnia. Me topo con noticias de terapias por medio del color. Al final uno descubre —o, más bien, cobra conciencia— que en este mundo todo es color.

Por supuesto, estoy cada vez más lejos de saber algo. He vuelto a ser, en el mejor de los casos, ese niño que se asombraba de mirar fosfenos con los ojos cerrados.

Abro por primera vez el silabario del rojo, del azul, del amarillo.

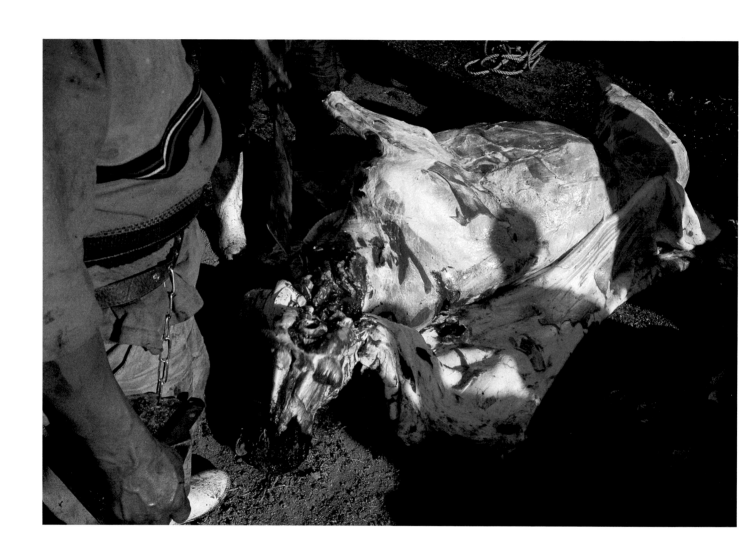

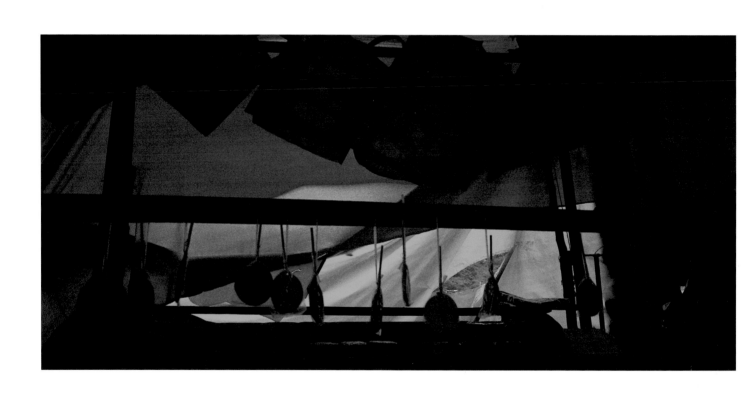

El color del tiempo,
de Pablo Aguinaco y Rafael Vargas, es el
noveno libro de la colección Luz portátil de
Artes de México. Se utilizaron las tipografías
Slimbach y Officina Sans. La primera diseñada
por Robert Slimbach y la segunda por Erick
Spiekerman y Ole Schäfer. Se terminó de
imprimir y encuadernar en octubre de 2007, en
los talleres de Transcontinental Reproducciones
Fotomecánicas, S.A. de C.V.